果物の美味しい
切り方・むき方

くだもの委員会／編

産業編集センター

はじめに

本書の目的は…

果物はとても美味しい食べ物です。
甘いものや、さわやかな酸味のあるもの、みずみずしいもの……。
種類も豊富で、ひと昔まえに比べると、珍しい果物が店頭に並び、時期ではない果物も買うことができます。
カロリーが低く、水分が多く、さまざまな栄養成分が含まれており、体の調子を整え、病気を予防してくれる効果もあることが証明されています。もちろん、美容にも効果的。毎日食べたいものです。
ただ……、こんなことはありませんか？
「ブドウの皮をむいたら指が紫になった」
「グレープフルーツを切ったら果汁がほとんど出てしまった」
「モモの皮をむいたら果肉もごっそり取れてしまった」
「オシャレに切りたいのに、ぐちゃぐちゃになった」などなど。

果物はスマートに美味しく食べたいものです。
オシャレにお皿に盛って、気分も楽しくしたいものです。
お客様が来たら、おもてなしで果物を出したいものです。
そのために、本書は「果物の美味しい切り方・むき方」をまとめました。正しい切り方・むき方を知っていると、
果物を食べることが驚くほど気軽に、気楽になります。
ササッと切って、美味しく食べる、そして明日はどんな果物を食べようかな、と考える。健康のため、美容のために食べていた果物がもっと身近な存在になります。
果物のことが今よりもっと好きになるはずです。
果物の食べ頃や、保存方法、盛り付け方なども紹介しています。
食べたい果物を買ってきたときは、本書を開いてみてください。

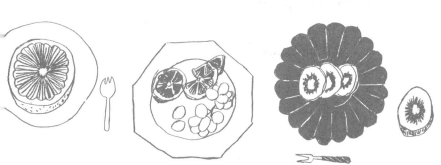

Contents

2 はじめに

切る前・むく前のポイント

8 ポイント1：よく切れるナイフを用意する
10 ポイント2：食べ頃を見極めて食べる
12 ポイント3：余すところなく食べる
14 ポイント4：切り方は応用できる

16 ATTENTION！〜ご注意ください

美味しい切り方・むき方

18 Fruits 1　モモ
ひねって半分に割る ……………………… 19
種を取り果肉をはずす …………………… 20
皮をむいて果肉をはずす ………………… 21
一切れずつ果肉をはずす ………………… 22
丸ごと湯むきする ………………………… 23

24 Fruits 2　パイナップル
回しながら皮をはずす …………………… 25
スティック状に切って屋台風に ………… 26
皮をお皿にして飾り盛り風に …………… 27

28 Fruits 3　グレープフルーツ
皮をそぎ切る ……………………………… 29
皮をお皿にして飾り盛り風に …………… 30

32 Fruits 4　ブドウ
皮をむいて飾り切り ……………………… 33
つまようじで皮をむく …………………… 34
丸ごと湯むきする ………………………… 35

36 Fruits 5　マンゴー
三枚おろしで種を取る …………………… 37
サイの目の飾り切り ……………………… 38
三枚おろしの皮をむく …………………… 39

40 Fruits 6 イチジク
半分に切ってそのまま食べる ⋯⋯ 41
皮をむいて果肉をはずす ⋯⋯ 42
皮をむいて輪切りにする ⋯⋯ 43

44 Fruits 7 パパイヤ
種と繊維の取り方 ⋯⋯ 45

46 Fruits 8 アボカド
半分に割って種を取る ⋯⋯ 47

48 Fruits 9 ドラゴンフルーツ
皮をむいて食べる ⋯⋯ 49

50 Fruits 10 ザクロ
実をきれいに取り出す ⋯⋯ 51

52 Fruits 11 パッションフルーツ
横半分に切って食べる ⋯⋯ 53

54 Fruits 12 マンゴスチン
横半分に切って食べる ⋯⋯ 55

56 Fruits 13 スイカ
スティック状に切って楽しむ ⋯⋯ 57

58 Fruits 14 キウイフルーツ
トゲを取る ⋯⋯ 59
回しながら皮をむく ⋯⋯ 60
回しながら輪切りにする ⋯⋯ 61

62 Fruits 15 カキ
スプーンで食べる完熟ガキ ⋯⋯ 63

64 Fruits 16 サクランボ
種をポンっと取り出す ⋯⋯ 65

- 66 Fruits 17　リンゴ
  - 輪切りにして皮まで食べる …… 67
  - 皮をむいて果肉をはずす …… 68
  - 丸ごと皮をむく …… 69

- 70 Fruits 18　オレンジ
  - 薄皮をむいて果肉をはずす …… 71

- 72 Fruits 19　バナナ
  - 皮を皿にして飾り盛り …… 73

- 74 Fruits 20　レモン
  - 皮をむいて輪切りにする …… 75

- 76 Fruits 21　ブルーベリー、ラズベリー
  - 軽く洗ってすぐ食べる …… 77

- 78 Fruits 22　ライチ
  - パカッと皮を半分に割る …… 79

- 80 Fruits 23　スモモ
  - 洗って丸ごと食べる …… 81

- 82 Fruits 24　クリ
  - ナイフで鬼皮をむく …… 83

- 84 Fruits 25　クルミ
  - 乾煎りして殻を割る …… 85

- 86 Fruits 26　アケビ
  - 半分に切って果肉を食べる …… 87

- 88 Fruits 27　ビワ
  - 逆さまにして皮をむく …… 89

- 90　食べ頃カレンダー
- 92　追熟と完熟の見方
- 94　協力店紹介

切る前・
むく前の
ポイント

POINT 1
よく切れるナイフを用意する

よく切れるペティナイフはお持ちですか？ せっかく美味しい切り方・むき方が分かっても、切れないナイフを持っていては成功は望めません。果肉をつぶしたり、果汁を大量に流してしまったり。切るのに時間がかかれば味も落ちてしまいます。肉や魚を切るいつもの包丁を使うのも同じことです。

ペティナイフは、小さい洋包丁のことで、小回りが利き、果物を切るのに最も適したナイフです。切れ味が良くて、自分の手で持ちやすく使いやすいペティナイフを用意しましょう。

自分にピッタリの1本を探す

ペティナイフにはたくさんの種類があります。どのナイフが合うかは人それぞれです。持ったときのグリップの感じ、重さや軽さ、刃の長さなど……。フルーツパーラーで働く人たちもそれぞれ自分専用のペティナイフを持っているそうです。

刃の長さが短く薄い

ペティナイフは刃の長さが短く、薄いことが特徴です。刃の長さは8cmから15cmぐらいまで、刃の薄いものだと厚さが1mmないものまであります。オレンジの薄皮を切ったり、飾り切りなど細かい作業をすることができます。

大きいものを切るときは

スイカやパイナップルなどの大きい果物を切るときは、さすがにペティナイフでは切れません。牛刀と呼ばれる洋包丁の大きいものを使います。家庭で切る場合は、普通の万能包丁でもOK。

POINT 2

食べ頃を見極めて食べる

果物には旬の時期と食べ頃があります。果物で最も美味しいのは完熟しているとき。果物の種類によっては、追熟（ついじゅく）といって、収穫後に数日常温で置いておき、完熟させるものがあります。逆に、完熟してから収穫するものは買ったときが食べ頃です。
果物は常温保存で、食べる少し前に冷蔵庫で冷やすのが基本。
完熟した果物は、香りが強くなり、果肉に弾力が出て、甘さが増します。買ってきた果物が固かった、甘くなかった、ということはありませんか？　食べ頃を見極めて、一番美味しいタイミングで食べましょう。

冷蔵庫のダメージにも気をつける

完熟前の果物は冷蔵庫に入れると追熟しません。熟していない果物は常温保存が基本です。南国の果物などは冷蔵庫の冷たさで味が落ちてしまうことも多いので、冷蔵庫に入れるときは食べる少し前に。保存するときはラップで包んで入れるようにしましょう。

追熟する果物（買ってから食べ頃を見極める）

モモ、グレープフルーツ、マンゴー、リンゴ、バナナ、
パパイヤ、カキ、パッションフルーツ、キウイフルーツなど…

追熟しない果物（買ったらすぐに食べるようにする）

イチゴ、ブドウ、スイカ、パイナップルなど…

P92-93 の「追熟と完熟の見方」も見てみましょう！

例えばこんな果物…

追熟する

グレープフルーツの香り

グレープフルーツは涼しい場所に置いておきます。よく熟したグレープフルーツの皮からはとても良い香りがします。

追熟しない

ビワは買ったらすぐ食べる

完熟した状態で収穫するビワのような果物は、買った時点ですぐに食べましょう。置いておくと味が落ちてしまいます。

POINT 3

余すところなく食べる

いくら「美味しそうに」見える切り方・むき方だとしても、皮と一緒に果肉をむいていたり、種と一緒に果肉をごっそり取ってしまってはもったいない話です。
せっかく食べるなら、皮のギリギリまで果肉を、果汁もなるべくこぼれ出ないように、食べられる部分はできる限り食べるのがベスト。
皮も薄皮も栄養がある部分なので、食べたほうがいいのです。
食べられるものは皮のギリギリまで食べる、これが本書で紹介している「美味しい」切り方・むき方です。

そのまま食べるのもいい

皮に近いほうに栄養が多い、というのは知られている話。実際、ブドウやリンゴの皮にはポリフェノールなどの栄養素が含まれています。よく洗って、そのまま食べるのも美味しい食べ方です。

外国では
キウイ丸かじり!?

キウイフルーツの皮には栄養が多く、ビタミンCは果肉より多く含まれているとか。外国ではキウイをそのまま丸かじりして食べることも多いとのこと。香りが広がり、甘さもより強く感じるそうです。

※産毛の刺激や消化不良を起こす場合もあるのでご注意ください。

なるべく
薄く皮を切る

本書でよく登場する、果肉と皮の間に刃を入れた皮のむき方。これはなるべく皮を薄く切るための方法。刃でまな板に皮を押しつけるようにして、薄く薄くむいていきます。

POINT 4
切り方は応用できる

果物にはいくつかの形があります。
丸いもの、大きな種が入っているもの、薄皮がついているもの……。
本書で同じような切り方・むき方が何度か出てくるように、切り方・むき方は応用ができます。
特にここで紹介している3つの切り方は、できるだけ多くの量の果肉を、傷つけずに残す方法です。また、果汁のこぼれは最少限にとどめ、素早く切ることも意識しています。
本書を読んでいるうちに応用もできるようになってくるでしょう。果物を切るのがもっと気楽に、スムーズなものになってくるはずです。

果肉と皮の間に
刃先を入れて皮をむく

皮を最も薄くむける方法です。くし切りにした果肉を、片方の手で支えながら、刃先をまな板と並行に動かします。皮が薄い果物（リンゴ、キウイフルーツ）から厚い果物（オレンジ、グレープフルーツ）までむくことができます。

一周切れ目を入れて反対方向にひねる

中に種が入っている果物（アボカド、モモなど）を半分に割る方法です。種に刃をあてるようにして、一周切れ目を入れて、反対方向にひねって半分に割ります。

回しながら皮をむく

円形（パイナップル、レモンなど）の果物の上下を切り落とし、皮と果肉の間に刃先を入れて、果物を回しながらぐるっと一周切って皮をむきます。皮をむいた果肉は好きな形に切ることができます。

Attention
～ご注意ください

● 本書では、プロの技術を紹介している切り方・むき方もあります。
刃物の取り扱いには十分注意し、慎重におこなってください。

● 品種や熟し具合によって、紹介している切り方・むき方ができない
場合もあります。

● 長い時間をかけて果物を扱っていると傷みの原因になります。
取り扱いにはくれぐれも注意しましょう。

● Dataで紹介している栄養成分は、可食部分100gあたりのエネルギー
量とおもな栄養成分を表記しています。

● Dataで保存方法も紹介していますが、熟した果物は早く食べましょう。

美味しい
切り方・
むき方

Fruits 1

モモ
Peach

上手にむけない果物の代表、モモ

直接手で触ってはいけない、と言われるほど、産毛でおおわれたモモの皮と果肉はデリケート。無理に皮をむこうとすると、果肉ごとゴソッとむけてしまいます。中心の大きな種も、果肉を残してしまう原因に。

下
店頭では桃の下を上に向けて並べられている。こちらのほうが甘い。

上
枝とつながっていた上部分。下よりもくぼみが深い。

下のほうが甘い

モモは下に向かって糖度が高くなる果物のひとつ。くし型に切ると均等に食べられます。ちなみに、店頭で売っているときは下のほうを上にして並べているため（下のほうがやわらかく、色が濃いため）、間違えないようにしましょう。

ひねって半分に割る

1. 縦の線に沿ってナイフを入れ、中心の種にあたったらモモを回しながらぐるっと一周切り込みを入れます。

2. 切り込みを中心にしてモモを両手で持ち、上下反対方向に少しずつひねります。

3. 種から果肉の繊維が一周離れたのを感じたら、果肉を引き離して半分に割ります。

Data

ジューシーな果肉と甘みが人気。肌に潤いを与える効果も。

初夏から秋にかけてが旬で、贈り物としても喜ばれます。また、昔から肌に潤いを与える果物と言われており、便秘や冷え症にも効く、女性にとってうれしい果物です。

●栄養成分
エネルギー：40kcal
水分：88.7g
食物繊維：1.3g
カリウム：180mg
ナイアシン：0.6mg
マグネシウム：7mg

●多く出回る時期
6〜9月頃（品種による）

●保存方法
新聞紙などで包み常温で追熟させる。熟したら早めに食べる。食べる2〜3時間前に冷やすと良い。

●美味しい選び方
左右対称でふっくらと丸いもの、香りの強いものを選ぶ。

※追熟と完熟の見方についてはP92参照

種を取り果肉をはずす

縦に半分にした果肉（P19参照）から、種をきれいに取る方法です。種に沿うように刃を入れるので、果肉を無駄にしません。

1. 種のあるほうのモモを、皮を上にして手で持ち、4等分のくし形にするため縦に切り込みを入れます。ナイフを種にあてるようにしながら、3本の切り込みを、縦に半周させて入れます。

2. ナイフの刃先を、果肉と種の境い目に入れて、種のまわりに沿うように刃を動かして果肉と切り離します。1で切り込みを入れているので、同時に果肉がくし形に4等分されます。

Column1

モモの産毛は洗って落とす

モモの表面には細かい産毛が生えています。予想以上に固いことも多く、果肉を切ったときに産毛がついたまま食べると口の中に違和感が残るかもしれません。そのため、切る前にモモをよく洗って、手でこするようにして産毛を取っておきましょう。

皮をむいて果肉をはずす

縦に半分にした果肉（P19参照）を、くし切りにして（P20参照）から皮をむく方法です。できる限り皮を薄くむくことができます。

1. くし切りにしたモモを、皮を下にして片方の手で支えるように持ちます。ナイフをまな板と並行になるように横にしながら、皮と果肉の間に刃を入れます。

2. 果肉をかたむけるように動かしながら、刃をスーッと動かすようにして皮をむきます。

Column2
完熟したモモは手でスルッとむける

やわらかく完熟しているモモは、手でもむくことができますが、品種や熟れ具合によってうまくむけない場合も。果肉が部分的についてしまったり、指の跡がついてしまったりということもあるので、やはりナイフで切った方がきれいにできます。

{ 一切れずつ果肉をはずす }

先に8等分の切れ目を入れてから、一切れずつ果肉をはずす方法です。少し固めのモモにも向いている方法です。

1. モモに対して縦にナイフを入れて、中心の種にあたったらモモを回しながらぐるっと一周切り込みを入れます（P19参照）。これを4本入れて、8等分にします。

2. 切れ目に沿ってナイフを入れ、刃を左右に少し動かすようにして種から果肉を離し、果肉を一切れはずします。これを繰り返して、8等分の果肉が取れます。

3. P21「皮をむいて果肉をはずす」の方法で皮をむくか、手でむける場合は手で皮をむきます。

Column3

桃太郎のモモってどんなモモ？

『桃太郎』の絵本に出てくるような、上のほうがとがっているモモがあります。「天津桃」と言われる昔からある品種で、「桃太郎のモモ」と言われています。赤い果肉で、固く酸っぱいためジャムなどにして食べることが多い品種です。

{ 丸ごと湯むきする }　丸い形のまま皮がむけるので、自由な形で切ることができます。

1　冷蔵庫に入れてモモを冷やしておきます（軽く果肉が冷える程度）。

2　モモが全部浸かるぐらいのお湯を沸騰させ、モモを10秒ほど入れます。

3　お玉などでモモを引き上げて、すぐに氷水でモモを冷やします。

4　手で皮をむきます。このとき、指で果肉を押してしまわないように注意しましょう。

Column4
モモの品種いろいろ

Column3で紹介した「桃太郎のモモ」（天津桃）のほかにも、いろいろな品種があります。「白鳳」、「あかつき」、「川中島白桃」、「清水白鳳」、「ネクタリン」、「蟠桃」、「黄金桃」など。山形県、福島県、長野県で多く生産されています。

Fruits 2
パイナップル
Pineapple

皮が固くて切るのが怖い!?

トゲがいっぱいついていてなんだか痛そう、どう切っていいか分からないなど、皮つきのパイナップルは敬遠されがちです。でも、思ったよりパイナップルの皮は簡単に切り落とすことができます。

お尻のほうが甘い果物

お尻（下）から熟していく果物なので、下のほうが甘みがあります。縦に切り分けると均等に楽しめます。

回しながら皮をはずす

パイナップルの上下を落とし、横割りにしたパイナップルの皮をはずします。大きな固まりが2つできて、自由に切り分けることができます。

1. パイナップルの果皮を手でおさえ、葉をもう片方の手でつかみ、ひねって葉をはずします。トゲなどが気になる場合は、タオルを使って果皮や葉をおさえます。

2. パイナップルの頭（上）とお尻（下）を切り落とします。

3. 横半分に切って、2つにします。

4. 果肉と皮の間にナイフを入れます。手でパイナップルを回しながら、まな板と並行にした状態で刃を動かし切り進めます。一周すると果肉から皮がはずれるので、果肉に残った茶色い部分をナイフで軽く取ります。

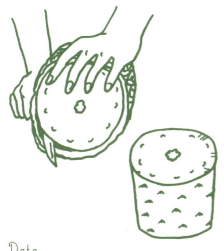

Data

トロピカルフルーツの代表的果物

夏のイメージが強い果物。やわらかくジューシーな果実にはビタミンB1、Cやクエン酸などが含まれており、疲労回復効果もあるので夏バテにもおすすめです。

● 栄養成分
エネルギー：51kcal
水分：85.5g
カリウム：150mg
マンガン：0.76mg
ビタミンB1：0.08mg
ビタミンC：27mg

● 多く出回る時期
4〜9月頃
（品種によっては周年）

● 保存方法
新聞紙などに包み冷蔵庫の野菜室で保存する。購入したら2〜3日で食べる。

● 美味しい選び方
ずっしりと重みがあり、お尻が下ぶくれしていて甘い香りがするもの。

※追熟と完熟の見方についてはP92参照

｛ スティック状に切って屋台風に ｝

縦に果肉を切り分けるので、下のほうが甘いパイナップルの果肉も、均等に切り分けることができます。

1. パイナップルの果皮を手でおさえ、葉をもう片方の手でつかみ、ひねって葉をはずします。トゲなどが気になる場合は、タオルを使って果皮や葉をおさえます（P25参照）。

2. パイナップルの頭（上）とお尻（下）を切り落とします。

3. 皮がついたまま、縦にパイナップルを8等分します。

4. 皮と芯を切り落とします。割りばしなどを下から刺して食べると、最後に甘いほうを食べることができます。

Column1

パイナップルは追熟しない!?

パイナップルは追熟しない果物と言われていますが、置いておくと甘くなったという話はよくあります。これは、酸味が抜けて甘さだけが残っていた状態。パイナップルは収穫したら追熟はしない果物です。

｛ 皮をお皿にして 飾り盛り風に ｝

葉を飾りとして残した、おもてなしにぴったりの切り方です。葉のほうから食べると最後は甘く、お尻のほうから食べると最後はサッパリとした味わいになるので、どちらから食べるかでも楽しめます。

1. 葉・皮のついたパイナップルを横にして、ナイフでお尻から刃を入れ、縦に半分に切ります。葉は切らずに裂くようにして、半分ずつついたままにします。

2. 半分にしたパイナップルをさらに縦に4等分します（葉も4等分に裂いて残しておく）。

3. お尻側から果肉と芯の境い目にナイフを入れ、葉の1cm前まで切ります。

4. 芯の2/3の位置から斜めにナイフを入れて、3の切れ目とつなげて残りの芯を切り落とします。

5. お尻側から、果肉と皮の境い目（皮から7、8mmの位置）にナイフを入れ、まな板と並行に刃を動かし、果肉を切り離します。

6. 果肉を一口で食べられるぐらいの大きさに切り、また皮の上に戻します。少し果肉を左右にずらし完成です。

Fruits 3
グレープフルーツ
Grapefruit

ジューシーさを失わずに食べたい！

果汁がたっぷり入っているグレープフルーツ。切ることに手間取っているうちに、果汁がどんどん流れ出てしまうのはもったいないものです。素早く無駄のない切り方を覚えて、余すところなく味わいましょう。

果肉の色の違いは何？

グレープフルーツの果肉には、黄色い果肉のものと、赤みがかった果肉のものがあります。どちらかと言うと、赤みがかった果肉の方が、甘みを感じることが多いようです。

皮をそぎ切る

皮と果肉の間にあるワタまでをナイフでそぎ切るようにして、果肉だけの状態にする方法です。果肉と果肉の間の薄皮も取りたい場合は、続けてP70も参照してください。

1 グレープフルーツの頭（上）とお尻（下）を、果肉が見えるぐらいの位置で切り落とします。

2 ナイフの刃を果肉のカーブに沿わせるイメージで、皮を上から下にそぎ落としていきます。これをぐるっと一周して、丸い果肉だけの状態にします。

3 果肉の表面に白いワタが残っている場合は、ナイフで切り落としておきます。このあと、好きな形に切り分けます。

Data

ストレス解消効果もある、女子力の高い果物

グレープフルーツ1個で1日に必要なビタミンCが取れます。カロリーは低めでダイエット向き。香り成分のリモネンにはストレス解消効果もあるという、女性にうれしい果物です。

●栄養成分
エネルギー：38kcal
水分：89.0g
カリウム：140mg
ビタミンB1：0.07mg
ビタミンC：36mg

●多く出回る時期
4〜5月頃
（輸入物は周年）

●保存方法
皮が固いものは常温で追熟させる。熟したものは冷暗所または冷蔵庫の野菜室で1〜2週間保存可。

●美味しい選び方
形が丸く、ずっしりとした重みがあるもの。皮にハリがあるもの。

※追熟と完熟の見方についてはP92参照

{ 皮をお皿にして
飾り盛り風に }

皮を回しながら果肉から切り離し、お皿に見立てます。果肉も大きめに切り分けるので、おもてなしにも向いています。

1 グレープフルーツの頭（上）とお尻（下）を、果肉が見えるぐらいの位置で切り落とします。

2 横半分に切って、2つにします。

3 果肉と皮の間にナイフを入れます。手でグレープフルーツを回しながら、まな板と並行にした状態で刃を動かし切り進めます。一周すると果肉から皮がはずれます。果肉に残ったワタをナイフで切り落としておきます。

4 皮の内側に果肉がついている場合は、3と同じ要領で、回しながら切り落としておきます。

5 4の皮に、1を中に敷くように入れて、お皿にします。

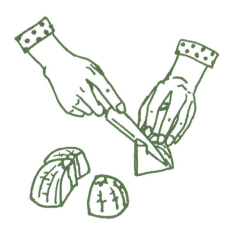

6 2で横割りにした果肉を、それぞれ4等分にします。

7 中心側の芯を切り落とします。

8 5のお皿に7の果肉を盛り、余っていた1の皮も一緒に入れて飾ります。

> Column
> **果汁が流れ出てしまうときは？**
> 切り方に慣れるまでは、果汁が多く流れ出てしまう場合もあります。ボールなどの上で切り果汁をとっておき、同量の砂糖と数滴のリキュールを混ぜるとシロップの出来上がりです。切った果肉にシロップをかけて食べます。

Fruits 4
ブドウ
Grape

できればブドウは皮ごと食べたい

赤ワインに含まれるポリフェノールは実はブドウの皮に含まれています。P12でも紹介したように、皮に近いほうが栄養素は豊富。皮ごと食べることがベストですが、おもてなしの場面などではこんなむき方（P33）もおすすめです。

下のほうが酸っぱい

バナナやパイナップルなどと違い、ブドウは茎がついていない下のほうが「甘くない」果物です。

皮をむいて飾り切り

可愛いお花のように見える飾り切りの方法です。おもてなしの場面でも喜ばれます。

1. 軸（枝）がついていないお尻（底）を少しだけ平らに切り、ブドウが転がらないようにしておきます。

2. 軸がついていたほう（上）に、十字の切れ目を入れます。

3. 切れ目に沿って、手で皮をそっと引っぱり下のほうまでむいて、お花のようにします。

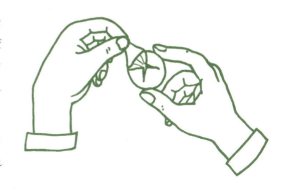

Data

世界で1万種以上あるブドウの品種

「巨峰」、「デラウェア」、「マスコット」、「ピオーネ」などブドウの品種は多く、旬も少しずつ違うので、時期によって色々なブドウが楽しめます。

●栄養成分
エネルギー：59kcal
水分：83.5g
炭水化物：15.7g
ブドウ糖：7g
果糖：8g

●多く出回る時期
6〜10月頃（品種により違う）

●保存方法
日持ちしないので早めに食べる。ビニール袋に洗わずに入れて冷蔵保存する。長期保存の場合は一粒ずつ冷凍室へ。

●美味しい選び方
皮にハリがあり、色濃くなっているもの。

※追熟と完熟の見方についてはP92参照

{ つまようじで皮をむく }

指でむくと失敗しがちなうえに、時間もかかります。このむき方だと手早くきれいに皮をむくことができます。

1. 軸がついていたほうの穴に、つまようじの先を入れ、穴のまわりを一周させます。

2. 次に、実の半分ぐらいまでつまようじを入れ一周させます。

3. お尻（下）から、指先で実を押し出します。

Column1
ブドウの皮についているのはブルーム

皮の表面に白い粉のようなものがついていることがあります。これは、ブルームと言って、果実を守るためについている天然物質。ブルームがきれいについているブドウは鮮度の良い証拠ですが、出荷のさいに拭きとられていることもあります。

丸ごと湯むきする

形をくずすことなく皮をむくことができます。茹で過ぎると味が落ちてしまうので注意しましょう。

1. 冷蔵庫に入れてブドウを冷やしておきます（軽く冷える程度）。

2. お湯を沸騰させ、軸からはずしたブドウを10秒ほど入れます。

3. お玉などでブドウを引き上げて、すぐに氷水でブドウを冷やしておきます。

4. 指で皮をむいて果肉を出します。

Column2
乾燥させるとレーズンになる

レーズンはブドウを何日も天日干しにして乾燥させた、保存食用のものです。オーブンで加熱してから乾燥を繰り返してレーズンを作ることができます。「トンプソン」や「サルタナ」といった品種が向いています。

Fruits 5
マンゴー
Mango

マンゴーってどうやって切るの？

ほんの数年前まで家庭では食べられていなかったものの、今では店頭でよく見かける果物になりました。ただし、「不思議な形」、「よく見るけど実際に触ったことがない……」、などで切り方が分からないことも多い果物。

皮がリンゴのように真っ赤なマンゴー。アップルマンゴーとも呼ばれ、国内産が多い。

黄色く平たい形のマンゴー。タイ産などの輸入ものが多く、価格も比較的安い。

1cmほどの厚みがある大きな種

マンゴーの中心には、マンゴーを一回り小さくしたような形の大きな種が入っています。これをうまくよけて、切り分けるのがポイントになります。

三枚おろしで種を取る

種のまわりに果肉がつかないよう、なるべく無駄が出ないように切りましょう。この方法で種を取ったら、あとは自由に切り分けることができます。種のまわりの果肉も、甘くて美味しい部分です。

1. マンゴーを横に置くと、一定の位置で自然に安定します。このとき、種は果肉の中心で、まな板と平行になっていると考えます。

2. 種は1cmほどの厚さがあるので、横中心の少し上から、軸がついているほうからナイフを入れます。まな板と平行にスーッと刃を動かすようにして、1枚おろします。

3. 2で切った果肉をのせたままひっくり返し、2と同様にもう1枚おろします。これで3枚におろせました。

4. 上下の2枚は好みに切り分けます。真ん中の1枚は、皮をぐるりとむいてから種のまわりの果肉を食べます。

Data

国内産は高級品も多く、贈り物として人気

特有の濃厚な甘みとトロッとなめらかな舌ざわりが美味しいマンゴー。栄養価も高く、美肌効果、貧血、便秘解消など、女性にうれしい効果も期待できます。

●栄養成分
エネルギー：64kcal
水分：82.0g
βカロテン：610μg
ビタミンC：20mg
カリウム：170mg

●多く出回る時期
4〜8月頃
（輸入物は周年）

●保存方法
風通しの良い常温で追熟させる。完熟マンゴー、熟したマンゴーは早めに食べる。食べる前に冷やす。

●美味しい選び方
果皮にツヤがあり、色鮮やかなもの。果皮にシワがあるものは鮮度が落ちているので避ける。

※追熟と完熟の見方についてはP92参照

サイの目の飾り切り

見た目がきれいで、おもてなしにもぴったりの切り方です。皮まで切ってしまわないよう注意しましょう。

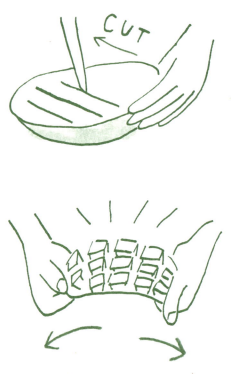

1. マンゴーを三枚おろしに切り分けます（P37参照）。

2. 片方の手で、マンゴーを持ちます。ナイフを垂直に入れ、果肉だけをサイの目状に切ります。軸がついていた上のほうから、お尻（下）に向かって刃を動かすと、繊維が引っかからず切ることができます。皮のギリギリまで切れ目を入れると、サイの目が開きすぎるので皮の少し手前で刃をとめます。

3. 左右を両手で持ち、皮を反り返らせるようにして果肉を押し上げます。

Column1

皮の触りすぎで手がかぶれることも！

マンゴーはウルシ科の植物です。マンゴーの皮を触っていると、人によっては手がかぶれてしまうことがあります。触り過ぎに注意しましょう。気になる場合は薄い手袋などをすると良いです。

三枚おろしの皮をむく

三枚におろした後の、皮をむく方法です。時間をかけずに、皮をなるべく薄くむくことができます。

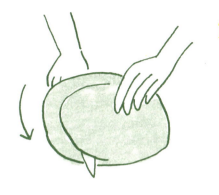

1 果肉と皮の間にナイフを入れて、片方の手でマンゴーを回すようにしながら、刃を動かして切り進めます。一周切り終わると、果肉から皮がはずれます。

上部に残った皮と果肉の間に刃を入れ、皮を薄くむきます。

好みの形に切り分けます。

Column2
完熟マンゴーとは？

マンゴーは収穫してからも追熟する果物なので、完熟する前に収穫し、輸送の間に追熟させています。完熟マンゴーとは、マンゴーが樹上で完熟して、自然落下してから収穫したものをいいます。味も濃厚で、十分に栄養が行き渡った高級品です。

Fruits 6

イチジク
Fig

生のイチジクはどう食べる？

生ハムやクリームチーズなど、料理やお菓子に合わせて食べることも多いイチジク。意外と生のまま丸ごと食べる機会は少ないのかもしれません。イチジクの味をたっぷり楽しめる切り方・むき方を紹介します。

お尻が割れていると完熟のサイン

下のお尻の部分が割れてくると完熟している証拠。開き過ぎていると熟しすぎになるので、完熟したらすぐ食べます。

半分に切って そのまま食べる

縦に半分に割って、スプーンで食べる方法です。シンプルですが、これが果肉を皮のギリギリまですくえる方法です。

1. イチジクを軽く水で洗っておきます。
2. 軸がついているほうから、ナイフを縦に入れて半分に切ります。
3. スプーンで果肉をすくって食べます。

Data

お腹の調子を整えてくれる薬効の高い果物

昔は庭にイチジクがある家庭が多く、気軽に食べられていましたが、今では少し高級な果物として人気です。食物繊維が豊富で、整腸作用、便秘解消などの効果があります。

●栄養成分
エネルギー：54kcal
水分：84.6g
食物繊維：1.9g
カリウム：170mg
カルシウム：26mg

●多く出回る時期
8〜10月頃

●保存方法
ビニール袋に入れて冷蔵庫の野菜室で保存する。日持ちしないので早めに食べる。

●美味しい選び方
皮にハリと弾力があり、全体に赤みがまわりふっくらと大きいもの。

※追熟と完熟の見方についてはP92参照

{ 皮をむいて果肉をはずす } 縦に4等分にした果肉の皮をむく方法です。くし切りしたような形になります。

1. 軸がついているほうから、ナイフを縦に入れて4等分にします。

2. 皮を下にして片方の手で支えるように持ちます。ナイフをまな板と並行になるように横にしながら、皮と果肉の間に刃を入れます。

3. 果肉をかたむけるように動かしながら、刃をスーッと動かすようにして皮をむきます。

Column1
完熟したイチジクは手でむいて食べられる

やわらかく完熟しているイチジクは、手でスルッとむくこともできます。軸を引き下げるようにして、バナナと同じ方法で皮をむいてそのまま食べます。お尻から手で縦に半分に割り、そのままかじりついても。

皮をむいて輪切りにする

輪切りのイチジクは面が平らで、見た目もきれいなので、料理やお菓子作りなどに向いています。ドライイチジクにしたり、コンポートなどにもおすすめです。

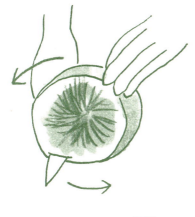

1. イチジクの軸がついている上部分を切り落とします。
2. 横半分に切って、2つにします。
3. 果肉の皮の間にナイフを入れ、手でイチジクを回しながら、まな板とナイフを並行にした状態で刃を動かし切り進めます。一周すると果肉から皮がはずれます。
4. 好きな厚さに輪切りにします。

Column2

聖書にも出てくる古くからある果物

旧約聖書に出てくるアダムとイブが、禁断の果実（リンゴ）を口にしてしまい、自分たちの裸を隠すために使ったのがイチジクの葉です。イチジクの葉は大きく、日光を遮るため、昔の日本では「イチジクは屋敷に植えるな」とも言われていたそうです。

パパイヤ
Fruits 7
Papaya

酸味のない濃厚な甘みと香り

パパイヤには酸味がないので、レモン汁や、ヨーグルトと合わせると濃厚な甘みをより引き出せ、美味しさが増すのが特徴。バニラアイスやクリームチーズなどの乳性品とも相性が良くおすすめです。

メロンのように皮は厚め

パパイヤは、色が似ていて分かりづらいもののスイカやメロンと同じぐらい皮が厚いです。「思ったよりも食べられる果肉が少ない」と感じることも。

{ 種と繊維の取り方 }

パパイヤは中心には種と繊維、外側には厚い皮があります。果肉をそぎ落とさないように、丁寧に果肉を取りましょう。

1. パパイヤを横に寝かせて、上のほうからナイフを入れて、縦半分に切り分けます。

2. 細身のスプーンで種と繊維質だけを丁寧に果肉からはずします。果肉からはずれたら繊維質を手で持ってゆっくり引き離します（種も一緒についてくる）。上のほうまでつながっている繊維も一緒に取ります。

3. 果肉をスプーンですくって食べます。

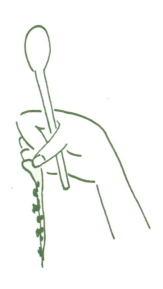

Data

未熟か完熟かで栄養素が違う果物

熟したパパイヤにはビタミンCと葉酸が豊富なので貧血気味の人や妊娠中の人におすすめです。料理に使われる未熟な青パパイヤにはミネラルや酵素が含まれています。

●栄養成分
エネルギー：38kcal
水分：89.2g
βカロテン：480μg
葉酸：44μg
ビタミンC：50mg

●多く出回る時期
5〜9月頃（輸入物は周年）

●保存方法
風通しの良い常温で追熟させ、熟したらビニール袋などに入れて冷蔵庫の野菜室で1週間程度保存可。

●美味しい選び方
果皮にツヤがありずっしりと重みのあるもの。

※追熟と完熟の見方についてはP92参照

Fruits 8

アボカド
Avocado

ギネスブックに認定されるほどの栄養素

11種のビタミン、14種のミネラル、含まれる栄養素が非常に多く、ギネスブックに認定されている栄養価の高い果物です。料理とも合うので、野菜のように使うこともできます。

皮近くの濃い緑に栄養が多い

アボカドも皮近くの栄養素が高い果物で、とくに食べたいのは濃い緑色の部分です。半割りにした果肉をスプーンですくって食べると、最後まで食べきることができます。

半分に割って種を取る

モモ（P19）と同じように、種が中心にある果物の基本的な切り方、種の取り方です。

1. 縦にナイフを入れ、中心の種に刃があたったらアボカドを回しながらぐるっと一周切り込みを入れます。
2. 切り込みを中心にしてアボカドを両手で持ち、左右反対方向に少しずつひねります。
3. 種から果肉の繊維が一周離れたのを感じたら、果肉を引き離して半分に割ります。
4. ナイフの角を種に突き刺し、ナイフを回して種をひねり取ります。

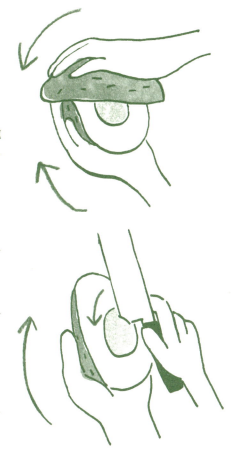

Data

「森のバター」と言われる栄養価とクリーミーな食感

甘みがほとんどないので、料理とも合わせやすく、クリーミーな食感が味わいを豊かにします。脂質が高めなので食べ過ぎには注意が必要ですが、健康効果も高い果物です。

●栄養成分
エネルギー：187kcal
水分：71.3g
ビタミンE：3.4mg
葉酸：84μg
カリウム：720mg

●多く出回る時期
10〜1月頃
（輸入物は周年）

●保存方法
常温で追熟させる。熟したら冷蔵庫で保存し、2〜3日で食べる。

●美味しい選び方
形がきれいで皮にハリツヤがあるもの。皮とヘタの間にすき間がないもの。

※追熟と完熟の見方についてはP92参照

Fruits 9

ドラゴンフルーツ
Pitaya

ピタヤと言うサボテンの種類

ドラゴンフルーツと呼ばれ、さっぱりとした甘さが人気の南国フルーツですが、実は正式名称は「ピタヤ」。皮が龍のウロコのように見えることからの別名です。

果肉が赤いの、白いの、いろいろあります

少しトロッとした果肉の中に、黒く小さな種が入っていてそのまま食べられます。果肉が白いもの、赤いもの、ピンクのもの、皮が黄色いものなど品種も複数あります。赤い果肉を食べるときは、果汁で洋服が染まってしまうので注意が必要です。

皮をむいて食べる

ドラゴンフルーツの皮は固くないので、ナイフで切ることができます。さっぱりした味なので、ほかの果物やサラダなどに混ぜて食べるのもおすすめです。

1. ナイフで縦に4等分します(半割りでも可)。

2. 左右を両手で持ち、皮を広げるようにして果肉からむきます。完熟しているときれいにむけますが、うまくいかない場合はナイフを間に入れて皮をむきます。

3. 果肉を好きな厚さに切って食べます。

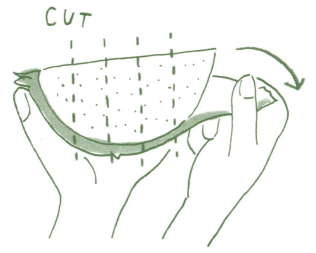

Data

近年人気の南国フルーツ

中央アメリカや東南アジアなど暖かい地域で多く栽培されていますが、最近では沖縄産も増えてきています。追熟しない果物なので、購入したらすぐに食べるようにしましょう。

●栄養成分
エネルギー：50kcal
水分：85g
マグネシウム：41mg
葉酸：44μg
カリウム：350mg

●多く出回る時期
国産：7〜11月頃
輸入：1〜5月頃
（レッドドラゴンの場合）

●保存方法
常温保存か、ビニール袋に入れて冷蔵保存。日持ちしないので早めに食べる。常温のときは、食べる1時間ぐらい前に冷やす。

●美味しい選び方
ウロコ状の皮にハリがあるもの。

※追熟と完熟の見方についてはP92参照

Fruits 10
ザクロ
Pomegranate

食べられるのは中の小さな実

ザクロの皮の中には、白いワタに包まれるようにして、小さな赤い実がたくさん詰まっています。赤い実の中には種が入っていて、この種は食べられません。実を口に含み、種を口から出して食べます。

中国では子宝・安産の象徴

女性の果物、という印象が強いのは、昔からザクロの赤い実が子宝や安産の象徴として、観賞用として飾られていたことにも由来します。

実をきれいに取り出す

手で実を出そうとすると、赤い果汁が周囲に飛び散ります。ここでは安心して、実を取り出すことができる方法を紹介します。

1. 水を入れたボウルの中で、ザクロの実を割ります。
2. 水の中で実をほぐします。
3. しばらくすると、皮と白いワタが水に浮かび、ザクロの実は下に沈んでいきます。
4. 皮とワタを取り除き、実だけを集めて水をきります。

Data

甘酸っぱさが特徴の女性にうれしい果物

ザクロの実には女性ホルモンに似た天然植物性エストロゲンと呼ばれる成分が含まれています。ホルモンの動きを活発にし、婦人病や更年期障害に効果があるとも。

●栄養成分
エネルギー：56kcal
水分：83.9g
炭水化物：15.5g
カリウム：250mg
パントテン酸：0.32mg

●多く出回る時期
9〜11月頃

●保存方法
皮をむかなければ常温でも数週間は日持ちし、ビニール袋などに入れて冷蔵保存すれば2〜3ヶ月は保存可。

●美味しい選び方
ずっしりと重いもの、皮が色鮮やかなもの。

※追熟と完熟の見方についてはP92参照

Fruits 11
パッションフルーツ
Passion fruit

種もバリバリ食べられる

パッションフルーツと言えば、ジュースが知られていますが、生で食べるのもおすすめです。ゼリー状の果肉の中に小さな種があり、バリバリと噛んで食べます（飲み込んでもOK）。さっぱりとした酸味のある味で、栄養価も高い果物です。

皮がシワシワになったら食べ頃

深いあずき色の皮がシワシワしてきたら、食べ頃。冷蔵庫で冷やして食べると美味しいです。

横半分に切って食べる

パッションフルーツの実は5～10cmほどです。果肉もゼリー状なので、切り分けたりせず、半分に切って食べましょう。

1. パッションフルーツを横半分にナイフで切る。
2. スプーンですくって食べる。

Data

カロテンや葉酸も多いので妊婦さんにもおすすめ

小さな果物ですが、カロテン、葉酸、ビタミンB6など、栄養価は高め。甘酸っぱい味が特徴と言われていますが、国内で生産されているものには驚くほど甘いものも多いです。

●栄養成分
エネルギー：64kcal
水分：82.0g
鉄：0.6mg
βカロテン：1100mg
葉酸：86μg

●多く出回る時期
7～8月頃

●保存方法
未熟の場合は常温で追熟させる。熟したらビニール袋などに入れて冷蔵保存し、早めに食べる。

●美味しい選び方
円形で、皮に傷がないもの。良い香りがするもの。

※追熟と完熟の見方についてはP92参照

Fruits 12
マンゴスチン
Mangosteen

トロピカルフルーツの女王

紫色の皮を割ると、中には半透明の果肉。そのとろけるような甘さから「トロピカルフルーツの女王」と言われる果物です（ちなみに、トロピカルフルーツの王様はドリアン）。

皮が濃い茶色になったら食べ頃

パッションフルーツは国内では生産されておらず、国外から冷凍、または生のままで輸入されてきます。輸送中に追熟させるため、買ってきたらなるべく早く食べましょう。

横半分に切って食べる

皮は意外とやわらかく、両手で持って、上から親指で押し割るようにすると割れ目ができ、割れ目から開いて果肉を取り出すことができます。ただ、ここではフルーツの女王らしく、ナイフで切る方法を紹介します。

1. ナイフを横半分の位置に差し入れ、果肉にあたらないよう刃を一周させ、皮を上下に切り分けます。果肉は上の軸部分とつながっています。

2. フォークで果肉を刺し、一切れずつ果肉を切り離して食べます。果肉の中に入っている種は食べません。

Data

上品な甘さがやみつきになります

ジューシーで、上品でとろけるような甘みと、さわやかな香りがする果肉です。以前は日本では生鮮で食べられませんでしたが、平成15年より輸入されるようになりました。

● 栄養成分
エネルギー：67kcal
水分：81.5g
炭水化物：17.5g
ビタミン B1：0.11mg
マンガン：0.35mg

● 多く出回る時期
5～9月頃（タイ産）

● 保存方法
乾燥に弱いので湿らせたペーパーに包み冷蔵庫で保存する。日持ちしないので早く食べる。

● 美味しい選び方
皮に水分があり、ほどよい弾力があるもの。

※追熟と完熟の見方についてはP92参照

Fruits 13

スイカ
Watermelon

しま模様の下に種が入っている!?

スイカの種を見せないように切りたい、種が見えるように切って食べる前に種を抜きたい、などスイカの種はなかなか厄介なもの? 一般的にしま模様の下に種が入っている、と言われていますがそうではない場合も多いそうです……。

中心から熟していく

スイカもメロンも中心に向かって甘くなる果物です。均等に切るのであれば、中心からくし切りにするのが一番です。

｛ スティック状に切って楽しむ ｝

大人数でのおもてなしのとき、スナック感覚で片手で食べたいときなどにおすすめの切り方です。

※ただ、この切り方だと甘さにバラつきが出てしまいます。

1 家庭用の万能包丁などでスイカを半分に切ります。

2 半分に割った1個を、切った面を下にしてまな板などに置き、手でおさえながら縦横に切れ目を入れます。

3 スティック状になっているので、一切れずつ取り出して食べます。

Data

夏の訪れを感じさせてくれる果物

スイカの約90％は水分ですが、スイカの糖分はすばやくエネルギーに変わるため夏の体調管理に役立ちます。食べる前に冷やしすぎると甘みが落ちてしまうので注意。

●栄養成分
エネルギー：37kcal
水分：89.6g
カリウム：120mg
βカロテン：830μg
ビタミンC：10mg

●多く出回る時期
5〜8月頃

●保存方法
切っていないスイカは風通しの良い冷暗所で保存。カットしてあるものはラップをかけて冷蔵保存して早めに食べる。

●美味しい選び方
きれいな円形で、しま模様がはっきりしているもの。

※追熟と完熟の見方についてはP92参照

キウイフルーツ
Kiwi fruit

キウイにはトゲがある

キウイの上部、ヘタの部分には大きなトゲがついています（右ページのイラスト参照）。これは「毛じ」と言って、品種によってはないものもありますが、口の中にトゲの繊維が残ったりして後味が悪くなる原因になります。

皮のまわりが甘く、芯には酸味がある

キウイは甘みと酸味を同時に楽しむ果物です。皮のまわりは甘く、中央の白い芯には甘みはなく酸味があります。

{ トゲを取る }

キウイの上部にあるトゲを取ります。これを取るだけで1個食べたときの後味が良くなります。

1 キウイの上部、上から5mmぐらいの位置にナイフを入れます。このとき、刃がトゲにあたるのが分かります。そこからそのまま横一周に切れ目を入れます。

2 ヘタを手に持ち、キュッとひねると上のヘタ部分が取れ、トゲもくっついてきます。

Data

季節を問わず美容と健康をサポート

国内産と外国産で季節を問わずに入手できる果物です。果肉にはビタミンCや食物繊維、ミネラルが豊富なので、整腸、疲労回復や美肌効果などが期待できます。

●栄養成分
エネルギー：53kcal
水分：84.7g
食物繊維：2.5g
カリウム：290mg
ビタミンC：69mg

●多く出回る時期
12〜4月頃(輸入物は周年)

●保存方法
風通しの良い場所で常温で追熟させる。熟したらビニール袋などに入れて冷蔵庫の野菜室で1〜2週間保存可。

●美味しい選び方
皮の色が濃すぎず、産毛が均等に生えているもの。

※追熟と完熟の見方についてはP92参照

{ 回しながら皮をむく }

横割りにしてから、薄く皮をむく方法です。大きなかたまりで切れるので、好きな形に切り分けることができます。

1. キウイの上下を、果肉が見えるぐらいに切り落とします。
2. 横半分に切って、2つにします。
3. 表面から皮にナイフを入れ、かつらむきのようにして、キウイを回しながら皮を薄くむいていきます。
4. 皮がむけたら好きな大きさに切り分けます。

Column1

正式名称はキウイフルーツ

キウイではなくキウイフルーツがこの果物の正式名称。中国からやってきた原種にニュージランドの農夫たちが品種改良を続け、ニュージランドの国鳥「キウイバード」から名前をつけたもの、と言われています。

回しながら輪切りにする

一切れずつ輪切りにしたキウイの皮を、ナイフの刃ではずす方法です。皮や果肉がつぶれることなく、きれいに切ることができます。また、必要な量だけ輪切りにすることができるので、余ったキウイはラップに包んで冷蔵保存しておけます。

1. キウイを皮つきのまま、好みの厚さで一切れ輪切りにします。

2. 片手で持つように支えて、輪切りにしたキウイを立たせます。果肉と皮の間にナイフを入れ、キウイを回すようにしながら、ナイフで切り進めます。

3. 果肉から皮がはずれます。これを必要な量だけ繰り返します。

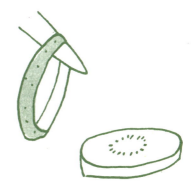

Column2
半分に切ってスプーンで食べるのもおすすめ

昔からある、キウイを半分に切って、スプーンで果肉をすくう食べ方。横半分に切るだけなので、果汁も流れ出ず、スプーンで皮ギリギリまで果肉を取ることができるので、余すところなく食べられる方法です。

Fruits 15

カキ
Persimmon

食べ頃を自分で決められる果物

購入してきたときのカキはだいたい固め。少し甘さが足りなくてもフレッシュな固めの果肉を食べるか、トロトロに熟した甘い果肉を食べるか、好みが分かれます。ちなみに、カキは追熟しない果物なので、甘くなるのは渋さが抜けるためです。

種にあたらないように切る方法

カキの底の中心を見ると、薄く十字の線が入っています。この十字に沿ってカキを切り分けると、種にあたることがありません。

スプーンで食べる完熟ガキ

トロトロに熟したカキを食べる方法です。皮をお皿に見立て、余すところなく果肉を食べることができます。

1. ナイフを横にして、上部のヘタの部分を切り取ります。
2. スプーンで果肉をすくって食べます。種ははずしてください。

Data

栄養価が高く強い体を作ります

カキにはビタミンCをはじめ栄養価が高く「カキが赤くなると医者が青くなる」という言葉があります。ただ、貧血気味の人が食べ過ぎると鉄を吸収するので注意が必要。

●栄養成分
エネルギー：60kcal
水分：83.1g
ビタミンC：70mg
βカロテン：420μg
カリウム：170mg

●多く出回る時期
9〜12月頃

●保存方法
常温で2日ほど、冷蔵庫の野菜室だと1週間ほど保存可。熟し過ぎないうちに早めに食べる。

●美味しい選び方
ヘタが緑色で、形がきれいなもの。皮が色鮮やかで、ハリツヤがあるもの。

※追熟と完熟の見方についてはP92参照

Fruits 16

サクランボ
Cherry

買ってきたらすぐに食べるのがベスト

初夏から店頭に並び始めるサクランボ。食べ頃は収穫後2〜3日と短く、冷蔵保存も向かないため、買ってきたらすぐに食べるのが良いでしょう。

そのまま食べるのが美味しい

サクランボは中に大きな種が入っているため、果肉は少なめ。目でサクランボの可愛い姿を楽しみながら味わうのがおすすめです。

種をポンッと取り出す

種が上手によけられない子どもや、ジャムなどの加工品にするときに役立つ種の取り方です。

1. 割りばしを割って1本にしたものを用意します。サクランボは軸を取って実だけにしておきます。

2. 軸のついていなかった下の方から割りばしを刺して、種を外に押し出します。

3. 種が上からポンッと押し出されてきます。種がうまく出てこない場合は、つまようじの先を使って、軸がついていた穴のところを一回転なぞっておきます。

Data

贈り物でも喜ばれる人気の果物

初夏から秋にかけて店頭に並びます。保存がきかず旬の時期も短いですが、ジャムなどに加工すると長期間で楽しめます。

●栄養成分
エネルギー：60kcal
水分：83.1g
カリウム：210mg
βカロテン：98μg
葉酸：38μg

●多く出回る時期
5～7月頃

●保存方法
密閉容器に入れて冷蔵庫の野菜室で保存。収穫後2～3日が食べ頃なので早めに食べきる。

●美味しい選び方
軸が青々としているもの。果皮の色が鮮やかで、ハリツヤがあるもの。

※追熟と完熟の見方についてはP92参照

Fruits 17

リンゴ
Apple

皮にも栄養が多く含まれている

リンゴの皮にはエピカテキン、プロシアニジン、アントシアニンの3種類のポリフェノールが含まれており、皮と実の間には整腸作用のあるペクチンが含まれています。なるべく皮ごと食べるのが理想的。

赤リンゴと青リンゴの違いは？

同じ品種で、栄養成分にも大きな違いはありません。青リンゴのほかに黄色いリンゴもあります。

輪切りにして皮まで食べる

輪切りにして、皮まで食べる切り方です。芯を小さく抜けば抜くほど、余すところなく食べることができます。生のほかにも焼きリンゴなどで食べても◎。

1. リンゴの皮をよく洗い、お好みの厚さで輪切りにする。

2. クッキーの型などで、中心の芯を抜く。ペティナイフで切り抜いてもOK。

Data

CA貯蔵法で1年中食べられる果物

世界中で食べられている果物の定番で、栄養価も高いのが魅力です。CA貯蔵法という一度リンゴを仮死状態にする貯蔵方法をしているので、1年中美味しいリンゴを買うことができます。

●栄養成分
エネルギー：54kcal
水分：84.9g
食物繊維：1.5g
ビタミンC：4mg
カリウム：110mg

●多く出回る時期
9〜1月頃（ほぼ周年）

●保存方法
新聞紙などに包み、冷暗所、または冷蔵庫の野菜室で1ヶ月ぐらい保存可。

●美味しい選び方
重みがあって、皮がスベスベでハリがあるもの。きれいな円形が良い。

※追熟と完熟の見方についてはP92参照

皮をむいて果肉をはずす

果肉と皮の間に刃を入れて、皮をむきます。できるだけ皮を薄く、早くむくことができる方法です。

1. くし切りにしたリンゴを片方の手で支えるようにして持ち、皮をまな板と並行に押しつけるようにしながら、皮と果肉の間に刃を入れます。

2. 果肉をかたむけるように動かしながら、刃をスーッと動かすようにして皮をむきます。

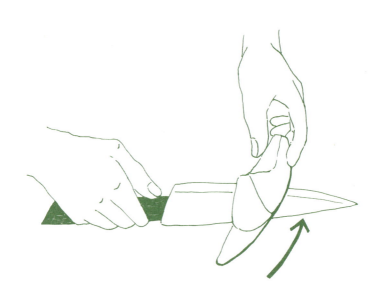

Column1
ベタベタしている皮の正体は、天然のロウ物質

「リンゴの皮がベタついてる！ これってワックス？」と思ったことはありませんか？ これはワックスではなく、リンゴが成熟するときに増えてくる脂肪酸が、皮の表面についている天然のロウ物質を溶かすから。「ジョナゴールド」や「つがる」といった品種のリンゴに起こる現象です。

丸ごと皮をむく

リンゴの曲面に沿わせるようにして、ナイフと果肉をスライドさせながら皮をむきます。曲面に沿って細く切っていくので、果肉にダメージを与えず、円形のまま皮をむくことができます。

1 リンゴの上下を薄く切り落とします。

2 片方の手でリンゴを持ち、ナイフをリンゴの上部分にあてます。リンゴとナイフを反対方向にスライドさせながら、曲面に沿うようにして、細く薄くを意識しながら皮をむいていきます。

Column2
イモクリを使って芯を抜いてみる

調理器具でイモクリと呼ばれる、果物や野菜などをくり抜く、小さなスプーンのような器具があります。これを使って、半割りにしたリンゴの芯をくり抜くのもおすすめです。小さい面積で芯をくり抜くことができ、仕上がりもきれいです。

Fruits 18
オレンジ
Orange

同じ大きさのオレンジなら、重いほうを選ぶ

どの果物にも言えることですが、美味しい果物を選ぶときは、重さも大きなポイントになります。同じ大きさのオレンジなら、重いものを選びます。ジューシーな果肉がたっぷりと詰まっている証拠です。

「ミカン」も「イヨカン」もオレンジの仲間

「オレンジ」も「ミカン」も原種はインドにあったとされていて、アジア方面から広がってきたのが「ミカン」、地中海からアメリカへと広がったのが「オレンジ」と言われています。

薄皮をむいて果肉をはずす

果肉と薄皮の間に刃を入れて、一切れずつ果肉を取り出します。薄皮ギリギリでむき、果汁をなるべくこぼさないようにするのがポイントです。

1. 上下の皮を切り落とし、皮とワタをそぎ切るようにして果肉だけの状態にします（P29参照）。

2. 薄皮の筋に合わせて中心部まで刃を入れます。果肉の反対側の筋にも、同様に刃を中心部まで入れて、ひねるようにして一切れはずします。

3. 2と同じようにして、中心部まで刃を入れてひねり、一切れずつ果肉をはずしていきます。

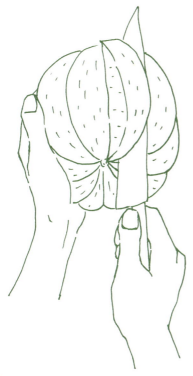

Data

活力を与えてくれる元気な果物

さわやかな香りとジューシーな果肉には、ビタミンCが多く含まれていて美容効果が期待できます。クエン酸も含まれているので疲れがとれないときなどにおすすめです。

● 栄養成分
エネルギー：39kcal
水分：88.7g
食物繊維：0.8g
ビタミンC：40mg
カリウム：140mg

● 多く出回る時期
12～3月頃（輸入物は周年）

● 保存方法
風通しの良い冷暗所で保存、夏はビニール袋に入れて冷蔵庫の野菜室で1週間ぐらい保存可。

● 美味しい選び方
ずっしりと重みがあり、皮にハリツヤがあるもの。

※追熟と完熟の見方についてはP92参照

Fruits 19

バナナ
Banana

食べ頃のしるしシュガースポット

販売されているきれいな黄色のバナナ、これは未成熟の状態。常温で数日置いておくと皮に黒い斑点＝シュガースポットが現れます。これが成熟の証で、香りや甘さが増し、栄養価も高くなっています。

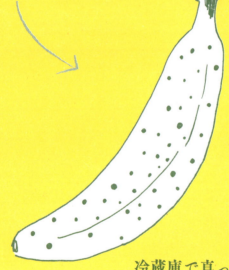

冷蔵庫で真っ黒になるのは低温ダメージ

バナナを冷蔵庫に入れておくと真っ黒になるのは、成熟したからではなく、低温により皮がダメージを受けたから。味には変わりはありませんが、未熟のまま入れると追熟はしません。

皮を皿にして飾り盛り

バナナの皮を横割りにして、バナナボートのようなお皿に見立てる切り方です。

1. バナナを横にしておき、軸のほうから刃先を入れて、果肉にあたらないようにしながら一周切り込みを入れます。
2. 皮の上半分を取り、果肉を取り出します。
3. 果肉を好みの厚さに輪切りにして、皮の下半分に戻します。

軸

Data

エネルギー補給に優れている果物

忙しい朝やスポーツをしているときによく食べられるのは、糖質、カリウム、マグネシウムなどが多く、エネルギー補給に優れ、持続性もあるからです。

●栄養成分
エネルギー：86kcal
水分：75.4g
炭水化物：22.5g
マグネシウム：32mg
カリウム：360mg

●多く出回る時期
7〜9月頃（輸入物は周年）

●保存方法
風通しの良いところで追熟させる。塾したらビニール袋に入れて冷蔵庫の野菜室で保存、早めに食べる。

●美味しい選び方
軸がしっかりしていること。皮の色づきが良いもの。

※追熟と完熟の見方についてはP92参照

Fruits 20
レモン
Lemon

エッセンスとして味を整える

刺激の強い酸味のせいで、レモンを丸ごと食べるのはなかなか難しいものの、この酸味はいろんな場面で力を発揮します。料理や飲み物、お菓子……、エッセンスとして香りをつけ、味をスッキリと整えます。

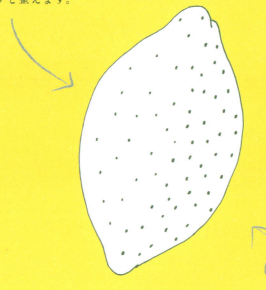

**どうして
レモン○個分って言うの？**

よくある「レモン○個分のビタミンC」という記載。これはレモンには柑橘類でトップのビタミンCが含まれているから。ちなみに果物ではカキやキウイフルーツのほうがビタミンCは豊富。

> 皮をむいて
> 輪切りにする

皮のついていない輪切りのレモンを、素早く複数枚切るのに役立つ方法。

1. 好みの厚さで輪切りにします。このとき、まな板につくギリギリのところで刃をとめて、輪をつなげておくこと。

2. レモンを横にして、皮とワタの境い目にナイフを入れ、回しながら一周させます。皮をはずすとレモンが輪切りになって離れます。

Data

酸っぱさの秘密はクエン酸

レモンの酸味の主体はクエン酸です。疲労回復や冷え性の改善に効果的です。また、皮のほうにもクエン酸が豊富で、シンク磨きに使うと水アカを落とす効果があるほどです。

●栄養成分
エネルギー：54kcal
水分：85.3g
食物繊維：4.9g
ビタミンC：100mg

●多く出回る時期
10〜3月頃
（輸入物は周年）

●保存方法
ビニール袋に入れて冷蔵庫の野菜室で保存。1ヶ月ぐらい保存可。カットしたら早めに使いきる。

●美味しい選び方
皮の外側からでも良い香りがするもの。ずっしりと重みがあるもの。

※追熟と完熟の見方についてはP92参照

Fruits 21
ブルーベリー、ラズベリー
Blueberry, Raspberry

そのまま食べられる手間のかからない果物

ブルーベリーやラズベリーなどのベリー系と呼ばれる果物は、実を摘んでそのまま皮ごと食べられる、もっとも手軽で手間のかからない果物です。

**ラズベリーの
ヒゲが気になったら**

外国産のラズベリーには固いヒゲが生えていることがあります。手で水洗いをしながら軽くこすると、取れてきます。

軽く洗ってすぐ食べる

ベリー系は基本は洗わないで食べてもOKです。ただ、虫などが気になる場合は、軽く水洗いしてすぐに食べましょう。濡れたまま置いておくとすぐに傷みます。そのため、ケーキなどに使う場合は、洗わないで使います。

1. 軽く水洗いし、水分を拭き取ってからそのまま食べます。

Data ブルーベリー

目に良いと言われるアントシアニンが豊富

ブルーベリーのきれいなブルーの色素の正体は、アントシアニンという成分で、目に良いことで有名です。1日約20〜30粒食べると効果が期待できると言われています。

●栄養成分
エネルギー：49kcal
水分：86.4g
食物繊維：3.3g
ビタミンE：1.7mg
ビタミンC：9mg

●多く出回る時期
6〜8月頃（輸入物は周年）

●保存方法
洗わずに冷蔵庫で保存する。日持ちしないので2〜3日で食べきる。

●美味しい選び方
大粒なもの、皮の色が濃く、ハリがあるもの。

Data ラズベリー

フランス語でフランボワーズ

フランス語のフランボワーズという名前でも知られています。小さい果物ですが鉄や食物繊維がほかの果物にくらべて豊富に含まれています。カビが生えやすいので注意しましょう。

●栄養成分
エネルギー：41kcal
水分：88.2g
食物繊維：4.7g
鉄：0.7mg
カリウム：150mg

●多く出回る時期
7〜9月頃（輸入物は周年）

●保存方法
傷みやすいので、洗わずにビニール袋などに入れて冷蔵庫で保存し、2〜3日で食べきる。

●美味しい選び方
色が濃く、香りが良いもの。

※追熟と完熟の見方についてはP92参照

Fruits 22
ライチ
Litchi

楊貴妃が愛した理由とは？

楊貴妃が愛した果物として知られているライチ。葉酸、ビタミンC、カリウムなどが豊富で、美肌効果、貧血防止、妊娠中の栄養不足解消など、確かに女性にうれしい栄養素が多く含まれている果物です。

美容効果の反面、食べ過ぎに注意!?

ライチがよく食べられる国では、食べ過ぎには注意するように言われています。ライチ病と言われる、のぼせ、発汗、めまいなどの症状が現れる病気にかかるとも。

{ パカッと皮を
半分に割る }

無理に皮をむくと面倒に感じてしまいます。コツをつかむと簡単に皮を割ることができます。

1　ライチの軸がついてない、下部分にうっすらと入る割れ目を見つけます。指で割れ目の横を軽く押すようにして、割れ目を開きます。

2　両手で皮を左右に開き、ライチを取り出します。

Data

**皮のトゲが
鋭いほうが良い**

ライチは日持ちがしないので、すぐに食べます。皮の色には紅色、茶色などがありますが、あまり黒ずんだものを選ばないように。皮のトゲが鋭いほど新鮮です。

●栄養成分
エネルギー：63kcal
水分：82.1g
ビタミンC：36mg
葉酸：100μg
カリウム：170mg
●多く出回る時期
6〜7月頃
（輸入物は4〜8月頃）

●保存方法
ビニール袋に入れて冷蔵庫の野菜室で保存する。日持ちしないので早めに食べる。

●美味しい選び方
皮の色が鮮やかで、トゲが鋭いもの。

※追熟と完熟の見方についてはP92参照

Fruits 23

スモモ
Plum

表面についてる白いものは"ブルーム"

スモモの皮表面についている白い粉のようなもの。これはブルームと言って、果実を守るためについている天然物質。食べる直前までは拭き取らないでおきます。スモモのほかにも、ブドウやリンゴでも見られます。

スモモと
プルーンは違うの？

ドライプルーンもスモモ（英語名でプラム）の仲間ですが、スモモを乾燥させても全部がプルーンになるわけではありません。スモモは種類が豊富で、ドライプルーンになる種類はプルーンスモモ（または西洋スモモ）と呼ばれています。

｛ 洗って丸ごと食べる ｝

スモモの皮はむきづらく、果汁も多いので丸かじりするのがおすすめです。熟したスモモを丸かじりすると、甘味と酸味が混じり合い、美味しさが口の中で広がります。

1. スモモを水でよく洗い（またはよく拭く）、そのまま皮ごと食べます。

Data

ビタミンやミネラルが豊富な果物

疲労回復や整腸作用の効果もある果物ですが、甘酸っぱさが苦手な人には、ビタミンやミネラルが豊富なドライプルーンもおすすめです。

● **栄養成分**
エネルギー：44kcal
水分：88.6g
βカロテン：79μg
葉酸：100μg
カリウム：150mg
食物繊維：1.6g

● **多く出回る時期**
6〜9月頃

● **保存方法**
常温で保存して追熟させる。熟したら新聞紙などに包んで冷蔵庫で保存し、早めに食べる。

● **美味しい選び方**
香りが良く、ずっしりと重みがあるもの。皮にハリと弾力があるもの。

※追熟と完熟の見方についてはP92参照

Fruits 24

クリ
Chestnut

固い皮がとにかくむきにくい果物

クリも堅果と言って、果物です。料理に使ったり、茹でてそのまま食べたり、秋の味覚として好まれていますが、とにかく皮が固いのが特徴。手でむこうとするとかなり大変です。

表面の固い皮を鬼皮、実のまわりの皮を渋皮と言う

表面の皮＝鬼皮だけではなく、鬼皮をむいたあとの実にも薄い皮がついています。これを渋皮と言い、タンニンを含むため渋いのが特徴。渋皮も非常にむきづらいですが、むく必要があります。

ナイフで鬼皮をむく

慣れるのに少し時間がかかりますが、ナイフで皮をむいていくのがおすすめです。生のクリ、茹でたクリ、渋皮も同様の方法でむきます。皮は固くすべりやすいので、慣れるまでは慎重に作業してください。

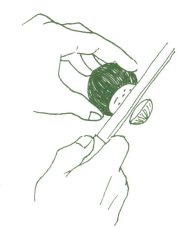

1. クリは皮をむく1時間前から、または一晩、水かぬるま湯につけておきます。

2. クリを横に置きしっかりと手でおさえながら、お尻部分をナイフで切り落とします。

3. クリの平らになっている方を手前に持ち、ナイフの刃を皮にあてて、下から引っ張るようにして皮をむきます。

4. 3と同じように一周皮をむきます。渋皮も同様にむきます。

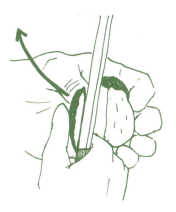

Data

縄文時代の主食で炭水化物が豊富

昔の人の主食だけあって、炭水化物が多く、エネルギー（カロリー）は果物の中でも群を抜いて高いです。そのため、おやつ感覚で食べるときは食べ過ぎに注意しましょう。

●栄養成分
エネルギー：164kcal
水分：58.8g
たんぱく質：2.8g
ビタミンB1：0.21mg
炭水化物：36.9g

●多く出回る時期
9～10月頃

●保存方法
ビニール袋などに入れて冷蔵庫の野菜室で1週間ぐらい保存可。なるべく早めに食べる。

●美味しい選び方
果皮にハリとツヤがあり、ずっしりと重みがあるもの。お尻部分の面積が大きいもの。

※追熟と完熟の見方についてはP92参照

クルミ
Walnut

Fruits 25

クルミには種類がいくつかある

お菓子などで使う、ふっくらとした実のクルミはペルシャグルミ（イラスト上）などの、一般的にセイヨウグルミと呼ばれるもの。日本で自生しているクルミはオニグルミ（イラスト下）など、実が小さく殻が厚く固いものが多いです。

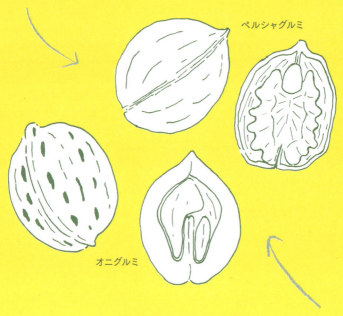

ペルシャグルミ
オニグルミ

殻を割るのが大変

殻つきのままクルミを手に入れた場合、固い殻を割るのは一苦労。ペルシャグルミは比較的殻が薄く、殻の継ぎ目にマイナスドライバーを入れてひねると割ることができます。

乾煎りして殻を割る

マイナスドライバーを入れてひねるだけでは、殻が簡単に割れないときにおすすめの方法です。

1. 殻を一晩、水かぬるま湯につけておきます。
2. 水気を拭きとってから、フライパンで乾煎りします。
3. 数分すると、殻の継ぎ目が少し開いてきます。
4. マイナスドライバーを継ぎ目に入れて、ひねるようにして殻を割ります。

Data

良い効果があるものの、食べ過ぎには注意

クルミは近年健康食品として注目されていて、肥満防止、動脈硬化予防などいろいろな効果があると言われています。ただし、カロリー、脂質が高いので食べ過ぎに注意です。

●栄養成分
エネルギー：674kcal
水分：3.1g
たんぱく質：14.6g
脂質：68.8g
炭水化物：11.7g

●多く出回る時期
8〜11月頃

●保存方法
殻をむき、密閉容器などに入れて冷蔵保存する。きちんと保存できていれば半年ぐらい保存可。

●美味しい選び方
手に持ったときに重たく感じるもの、殻の色は薄いものが良い。

※追熟と完熟の見方についてはP92参照

Fruits 26

アケビ
Akebia

皮が割れたら食べ頃

ふっくらとふくらんだ紫色の果皮が特徴で、長さは 10cm ほど。熟すと、縦に皮が割れ半透明の果肉が見えます。日本では古くからある果物です。

果皮（皮）も調理して食べられます

中の果肉だけではなく、果皮（皮）も食材として利用できます。天ぷらや炒めものなど、レシピもさまざまです。

半分に切って果肉を食べる

果皮を半分に縦に切り、中の果肉をスプーンで食べます。このとき、種は飲み込まないように（便秘になると言われています）。果肉と一緒に種も口に含み、果肉の甘さがなくなったら種を吐き出しましょう。

1. 熟して割れているところからナイフを入れ、果皮を縦半分に切ります（割れていない場合は、枝がついていた方から半分に切ります）。

2. スプーンで果肉をとって食べます。

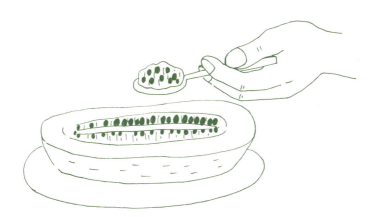

Data

秋の訪れを告げる山形が産地の果物

古くから日本に自生するツル科の植物で、果皮と果肉以外にも、ツルで籠を編んだり、種を油にしたりと幅広く活用されてきました。生産量の多くを占めるのは山形県です。

●栄養成分
エネルギー：82kcal
水分：77.1g
ビタミンC：65mg
葉酸：30μg
炭水化物：22.0g

●多く出回る時期
9～10月頃

●保存方法
冷暗所で追熟させる。皮が破れ、果肉が半透明になったら冷蔵庫で保存する。日持ちしないので早く食べる。

●美味しい選び方
果皮にハリがあり、色づきの良いもの。

※追熟と完熟の見方についてはP92参照

Fruits 27

ビワ
Loquat

買ったらすぐに食べる

ビワは非常にデリケートな果物で、低温にも高温にも弱く、強く押したりするとすぐに傷んでしまいます。追熟もしないので、買ったらすぐに食べる、がビワの基本です。

ビワの種を使ったレシピも多い

ビワの中心には大きな種が入っています。種は、昔から薬としての効果があると言われ、杏仁豆腐にしたり、ご飯に入れたり、さまざまなレシピがあります。

逆さまにして皮をむく

ビワは皮をむくとすぐに変色してしまうので、食べる直前にむきましょう。果肉も傷みやすいので軸を持って、なるべく果肉を触らないようにしてむく方法です。

1 ビワの軸を持ち、逆さまにします。

2 お尻の方から皮を丁寧にむきます。

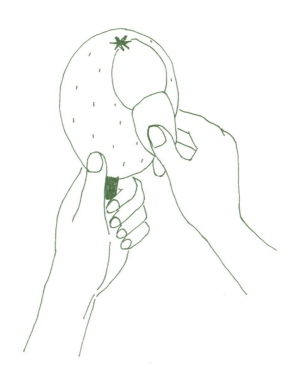

Data

あっさりとした上品な甘さが魅力

そのまま食べると甘みが足りないときや、大量にビワがあるときなどはジャムやお菓子などに利用するのがいいでしょう。近年では、健康効果も注目されています。

●栄養成分
エネルギー：40kcal
水分：88.6g
食物繊維：1.6g
βカロテン：810μg
カリウム：160mg

●多く出回る時期
5〜7月頃

●保存方法
新聞紙などで包んでからビニール袋に入れて冷蔵保存。なるべくその日のうちに食べる。

●美味しい選び方
軸がしっかりしており、左右対称にふくらんでいるもの。

※追熟と完熟の見方についてはP92参照

食べ頃カレンダー

本書で紹介した果物の美味しい食べ頃はいつ？
月ごとにまとめてみました、参考にしてください。

1月 January

アボカド、オレンジ、キウイフルーツ、リンゴ、レモン

※本書では紹介していない、イチゴや柑橘類が食べ頃です。

2月 February

オレンジ、キウイフルーツ、レモン

3月 March

オレンジ、キウイフルーツ、レモン

4月 April

キウイフルーツ、グレープフルーツ、パイナップル、マンゴー

5月 May

グレープフルーツ、スイカ、パイナップル、パパイヤ、ビワ、マンゴー、マンゴスチン

6月 June

スイカ、スモモ、パイナップル、パパイヤ、ビワ、ブドウ、ブルーベリー、マンゴー、マンゴスチン、モモ、ライチ、サクランボ

※カレンダーは、店頭に多く出回る時期を目安としています。
※品種や天候などにより、時期が違う場合もあります。
※カレンダー内の果物はアイウエオ順で表記しています。

7月 July

スイカ、スモモ、ドラゴンフルーツ、パイナップル、パッションフルーツ、バナナ、パパイヤ、ビワ、ブドウ、ブルーベリー、マンゴー、マンゴスチン、モモ、ライチ、ラズベリー

8月 August

イチジク、スイカ、スモモ、ドラゴンフルーツ、パイナップル、パッションフルーツ、バナナ、パパイヤ、ブドウ、ブルーベリー、マンゴー、マンゴスチン、モモ、ラズベリー

9月 September

アケビ、イチジク、カキ、クリ、クルミ、ザクロ、スモモ、ドラゴンフルーツ、パイナップル、バナナ、パパイヤ、ブドウ、マンゴスチン、モモ、ラズベリー、リンゴ

10月 October

アケビ、アボカド、イチジク、カキ、クリ、クルミ、ザクロ、ドラゴンフルーツ、ブドウ、リンゴ、レモン

11月 November

アボカド、カキ、ザクロ、ドラゴンフルーツ、リンゴ、レモン

12月 December

アボカド、オレンジ、カキ、キウイフルーツ、リンゴ、レモン

追熟と完熟の見方

この果物、追熟させたほうがいい？　完熟した食べ頃の見極め方は？
本書で紹介した果物の追熟と完熟の見方を紹介しています。

P18　**モモ：追熟させる**→新聞紙などに包み常温で追熟させる。軽く触れてやわらかさを感じたら食べ頃。

P24　**パイナップル：追熟しない**→青いまま輸入してきた場合は、全体が黄色くなり甘い香りがするまで常温で熟させる。完熟したら早めに食べる。

P28　**グレープフルーツ：追熟させる**→常温で追熟させる。皮にハリツヤが出て甘い香りがしてきたら食べ頃。

P32　**ブドウ：追熟しない**→日持ちがしなく、風味が落ちるので早めに食べる。

P36　**マンゴー：追熟させる**→常温で追熟させる。甘い香りが強くなり、軽く触れてやわらかさを感じたら食べ頃。完熟マンゴーはすぐに食べる。

P40　**イチジク：追熟させる**→お尻が割れてくると食べ頃。割れ過ぎは熟し過ぎている。日持ちしないので早めに食べる。

P44　**パパイヤ：追熟させる**→常温で追熟させる。皮の色が濃く、香りが強くなったら完熟。

P46　**アボカド：追熟させる**→常温で追熟させる。皮の色がチョコレート色になったら完熟。

P48　**ドラゴンフルーツ：追熟しない**→日持ちしないので早めに食べる。

P50　**ザクロ：追熟しない**→皮をむかなければ常温で数週間、冷蔵庫で2〜3ヶ月保存できる。熟し過ぎないうちに食べる。

P52　**パッションフルーツ：追熟させる**→香りが強くなり、皮にシワが入るまで常温で追熟させる。

P54　**マンゴスチン：追熟しない**→日持ちしないので早めに食べる。

P56　**スイカ：追熟しない**→日持ちしないので早めに食べる。

P58　**キウイフルーツ：追熟させる**→常温で追熟させ、キウイの頭とお尻を指で押してやわらかさを感じたら食べ頃。

※環境により、常温で置いておくと傷みが進む場合もあります。
※すでに完熟している果物を追熟させる必要はありません。
※熟した果物はなるべく早く食べましょう。

P62　**カキ：追熟しない**→常温で2日ほど、冷蔵庫の野菜室で1週間ほどでやわらかくなるので、熟し過ぎないうちに早めに食べる。

P64　**サクランボ：追熟しない**→収穫後2〜3日が食べ頃なので、購入したら早めに食べる。

P66　**リンゴ：追熟しない**→冷暗所または冷蔵庫の野菜室に入れておけば1ヶ月ぐらいもつ。

P70　**オレンジ：追熟しない**→冷暗所または冷蔵庫の野菜室に入れておけば1週間ぐらいもつ。

P72　**バナナ：追熟させる**→常温で追熟させて、シュガースポットが出たら完熟。熟したら早めに食べる。

P74　**レモン：追熟しない**→冷蔵庫の野菜室に入れておけば1ヶ月ぐらいもつ。

P76　**ブルーベリー、ラズベリー：追熟しない**→日持ちしないので2〜3日で食べきる。

P78　**ライチ：追熟しない**→日持ちしないので早めに食べる。

P80　**スモモ：追熟させる**→新聞紙などに包んで常温で追熟させる。皮が赤く、やわからさを感じたら完熟。

P82　**クリ：追熟しない**→冷蔵庫の野菜室に入れておけば1週間ぐらいもつ。甘みが増す場合も。

P84　**クルミ：追熟しない**→密閉容器に入れて冷蔵保存すれば半年ほどもつ。

P86　**アケビ：追熟させる**→冷暗所に置いて追熟させる。皮が割れたらすでに完熟している。

P88　**ビワ：追熟しない**→日持ちしないので早めに食べる。

＜協力店紹介　＊五十音順＞
本書を作るにあたり、切り方・むき方の紹介、
果物の情報などを取材させていただきました。

果実園東京店

（P33、P42-43、P68 などを中心に紹介いただきました）
東京都千代田区丸の内 1-9-1 東京駅改札外 1F キッチンストリート
TEL：03-5220-4567

千疋屋総本店日本橋本店

（P19-21、P27、P69 などを中心に紹介いただきました）
東京都中央区日本橋室町 2-1-2　日本橋三井タワー内
http://www.sembikiya.co.jp

フタバフルーツ

（P25-26、P29-31、P71 などを中心に紹介いただきました）
東京都中野区若宮 3-22-2
http://www.futaba-fruits.jp

＜主要参考文献＞
『からだにおいしい フルーツの便利帳』（高橋書店）
『銀座千疋屋監修　くらしのくだもの12ヶ月』（朝日新聞出版）

＜主要参考HP＞
果物ナビ（http://www.kudamononavi.com）
旬の食材百科（http://foodslink.jp/syokuzaihyakka/index.htm）
食品成分データベース（文部科学省　http://fooddb.mext.go.jp）

STAFF

企画	株式会社産業編集センター
編集	くだもの委員会 + 青木奈保子（ルーズ）
イラスト	Qoonana（カバー、表紙、P2 〜 P35）
	ミヤタチカ（P36 〜 P63）
	神田亜美（P64 〜 P89）
リサーチ	佐竹恵
デザイン	小林沙織
取材協力	果実園東京店
	千疋屋総本店日本橋本店
	フタバフルーツ

果物の美味しい切り方・むき方

2015 年 8 月 10 日　第一刷発行
2016 年 7 月 15 日　第二刷発行

編集　くだもの委員会

発行　株式会社産業編集センター
〒 112-0011 東京都文京区千石 4 -39-17
印刷　大日本印刷株式会社

©2015 Sangyo Henshu Center Co.,LTD. Printed in Japan
ISBN978-4-86311-119-6 C0077

本書掲載の情報は 2015 年 7 月現在のものです。
本書掲載の文章・イラストを無断で転記することを禁じます。
乱丁・落丁本はお取り替えいたします。